M. JULES FERRY EST-IL COUPABLE ?

— OUI —

PAR

M. FORCIOLI

SÉNATEUR

PARIS

IMPRIMERIE VICTOR GOUPY ET JOURDAN

71, RUE DE RENNES, 71

1885

M. JULES FERRY EST-IL COUPABLE ?

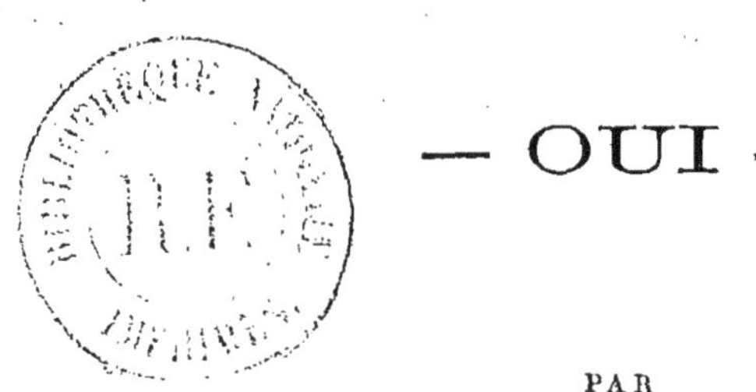

— OUI —

PAR

M. FORCIOLI

SÉNATEUR

PARIS
IMPRIMERIE VICTOR GOUPY ET JOURDAN
71, RUE DE RENNES, 71

1885

M. JULES FERRY EST-IL COUPABLE?

— OUI —

M. Jules Ferry n'a pas compris les raisons qui ont amené sa chute. Dédaigneux de la décision de la chambre qu'il attribue encore à un moment d'affolement, il a jeté des lettres à tous les carrefours en forme de provocation et de défi. Ce prétendant attend sa restauration. Nous avons alors élevé la voix contre lui avec la conviction profonde de sa culpabilité. D'autres crimes sans doute, et de plus grands, sont restés impunis. Mais le jour n'est-il pas proche où le peuple se fatiguera d'être la victime éternelle?

Nous avions pensé que les débats sur la mise en accusation du Ministère amèneraient les orateurs à faire connaître certains documents tenus secrets jusqu'à présent et pouvant jeter une lumière plus vive sur les obscurités encore profondes de la politique suivie au Tonkin. Notre attente a été trompée. Soit que les Membres de la Commission n'aient pas voulu demander ou autoriser des investigations plus complètes, soit que le nouveau Ministère se soit opposé à la communication de toutes les pièces utiles, on peut dire que les actes de M. Jules Ferry, en ce qui touche son rôle jusqu'à la convention de Tien-Tsin, ne paraissent point affecter, du moins jusqu'à présent, le caractère de crimes politiques. Il est incontestable qu'il a trompé longtemps la Chambre sur la présence des Chinois au Tonkin, mais il serait téméraire d'affirmer que la Chambre, mieux renseignée, n'aurait point consenti ces mêmes sacrifices dans une entreprise où le drapeau était engagé. Ce sont là péchés habituels de Gouvernement, et la chute de M. Jules Ferry a été la sanction légitime et naturelle de ces fautes. Mais si nous établissons que, malgré les déclarations les plus expresses de la Chine, déclarations appuyées par des faits et justifiées par la suite des événements, le Président du Conseil a persisté à imputer au gouvernement chinois, avec une mauvaise foi audacieuse, la violation d'un traité que ce gouvernement n'a jamais cessé de respecter; si nous démontrons que cet homme a sacrifié des milliers d'existences dans un intérêt absolument personnel, que le sang et l'argent de la France ont coulé pour obtenir un résultat déjà obtenu depuis le traité, nous en déduirons sa responsabilité personnelle et directe, nous dirons que le renversement d'un Ministre ne suffit pas à punir de tels actes, et que les républiques doivent surtout apprendre à ceux qui gouvernent le respect de la vie humaine.

L'opinion doit donc être éclairée plus complètement: nous nous contenterons d'examiner les documents qui sont à la portée de tous, nous préciserons les faits et les dates et nos conclusions ne seront que la formule indiscutable de notre récit.

Avant d'étudier le texte du traité de Tien-Tsin, il est bon de rechercher quelles sont, pour ainsi dire, ses origines. Nous examinerons après si l'affaire de Bac-Lé peut être regardée comme un guet-apens.

Dans les premiers mois de 1884, se trouvait en congé en Europe un employé supérieur des douanes chinoises, M. Detring, qui depuis vingt ans entretenait en Chine les meilleures relations avec les ministres de France. M. Detring était très lié avec Li-Hung-Tchang et il avait eu occasion de lui écrire pour lui signaler l'attitude provocante du marquis Tseng et l'intention formelle du gouvernement français de terminer le plus rapidement possible l'expédition du Tonkin. M. Fournier a raconté devant la Commission de la Chambre comment il avait rencontré par hasard M. Detring qu'il connaissait beaucoup. Tout naturellement on avait parlé de notre situation, des intentions de la Chine, et M. Detring, sachant que Li avait de très grandes sympathies pour M. Fournier, conseilla à ce dernier de les faire tourner au profit de son pays et de tenter un arrangement entre la France et la Chine.

L'amiral Lespès autorisa les pourparlers. Qu'il nous soit permis, en passant, de rendre hommage à cet officier général, dont toute la conduite pendant les négociations demeure empreinte d'intelligent patriotisme et de désintéressement personnel.

M. Fournier remit à M. Detring, qui partait pour Pékin, une lettre confidentielle dans laquelle il établissait les bases d'une entente possible entre les deux nations, savoir : Rappel du marquis Tseng; — renonciation de la Chine à toute intervention dans l'Annam ; — rappel des troupes chinoises du Tonkin ; — indemnités à discuter. Il ajoutait qu'il n'exprimait que son opinion personnelle et que si ces conditions étaient acceptées, il s'en ferait volontiers le défenseur auprès du Gouvernement français.

Un mois après le départ de M. Detring, M. Fournier recevait de Li un télégramme lui annonçant le rappel du marquis Tseng *comme une première satisfaction donnée à la France.* M. Fournier était en même temps invité à se rendre à Tien-Tsin pour conférer sur les bases de sa lettre.

Ce rappel du marquis Tseng, et surtout les termes dans lesquels il était annoncé, constituaient un acte politique important. Li était résolu à conclure le traité et surtout à le conclure vite : le parti de la guerre s'agitait à Pékin, les amis du marquis Tseng, furieux de son rappel, fomentaient des intrigues et les ministres des puissances étrangères ne paraissaient pas bienveillants. Il fallait en finir. « Si la convention n'est pas signée dans trois jours, disait Li à M. Fournier, elle ne le sera jamais. »

Voilà certes un négociateur de bonne foi. Dès la première heure il sacrifie l'ambassadeur qui a déplu à la France, et, s'il montre à M. Fournier les difficultés qu'il rencontre, c'est pour arriver plus vite à la conclusion. La discussion commence donc tout de suite entre le commandant Fournier et Li, et le 11 mai 1884, tous les deux dûment autorisés par leurs gouvernements respectifs, signent la convention de Tien-Tsin.

Ce traité terminait les hostilités de la manière la plus avantageuse pour nous. Le commandant Fournier obtenait personnellement de la Chine ce qu'elle avait refusé jusqu'alors, l'abandon de la suzeraineté qu'elle s'attribuait sur le Tonkin. « La Chine abdiquait, dit « M. Fournier, des prétentions qu'elle ne pouvait « faire revivre : cette suzeraineté dont le marquis « Tseng avait tant parlé, devenait simplement un sou- « venir historique. Si l'on compare cette abdication « par omission aux conditions du fameux memoran- « dum dans lequel le gouvernement chinois nous « mettait en demeure d'évacuer tout le Tonkin pour « y faire place aux garnisons chinoises, on mesurera « tout le chemin parcouru en quelques heures par le « fait de la signature d'un pareil article. Ce pas est gi- « gantesque. »

C'était là la partie capitale et le nœud même du traité : c'était là la déclaration utile et décisive, liant à jamais la Chine et nous laissant maîtres du Tonkin.

Faisons remarquer dès à présent que jamais la Chine, si injuste qu'ait pu lui paraître la reprise des hostilités, n'a retiré sa signature. Jamais elle n'a protesté contre cette concession qui avait dû tant coûter à son amour-propre. Et alors se pose tout naturellement cette question : Puisque le gouvernement chinois n'a jamais tenté ni de violer purement et simplement le traité sur ce point important, ni d'en altérer l'esprit par une fausse interprétation, pourquoi se serait-il lancé délibérément dans une guerre contre nous à l'occasion d'une question de délais ?

Si encore cette question de délais avait servi de prétexte à la Chine pour déchirer le traité tout entier, le fait postérieur de la rupture du traité aurait pu faire croire à la mauvaise foi antérieure du gouvernement chinois : or, il n'a point déchiré la convention et il a constamment restreint les difficultés d'interprétation à la partie de l'article 2 relative à l'évacuation.

M. Fournier, convaincu que l'article 2 lui donne le droit absolu de fixer les dates d'évacuation des troupes chinoises sans le consentement du gouvernement chinois, communique une note impérative a Li-Hung-Tchang et télégraphie, tant au général Millot qu'à l'amiral Lespès, le texte de la note additionnelle.

En exécution de ces télégrammes, une colonne commandée par le lieutenant-colonel Dugenne, part de Phu-Long-Thuang pour aller occuper Lang-Son : elle se trouve à Bac-Lé le 22 juin. Le 23 au matin, elle est attaquée dans sa marche par les Chinois; le combat dure une heure et nous coûte trois blessés.

Après quelques incidents sur lesquels nous reviendrons plus loin, le colonel Dugenne reprend le lendemain sa marche en avant; la troupe française, attaquée, résiste héroïquement; mais elle est obligée de céder au nombre. Quinze des nôtres tombent frappés mortellement.

Y a-t-il eu guet-apens? Est-ce, au contraire, un accident douloureux de guerre résultant d'un malentendu?

Au moment de la nouvelle, personne n'hésite. La Chine a violé le traité, et la France a le droit d'exiger une réparation pour ce crime odieux de lèse-nation. Aussi, lorsque dans la séance de la Chambre du 8 juillet, le Président du Conseil proteste contre la trahison, tous les députés applaudissent au noble langage que dicte une généreuse indignation.

« Nous avons cru trouver dans cette agression, « s'écrie M. Jules Ferry, sans chercher à qui en in-

« combe la responsabilité, des chefs locaux ou du gou-« vernement central, nous avons cru trouver dans « cette violation formelle du traité de Tien-Tsin, le « fondement d'une réparation nécessaire.

« Nous avons pensé qu'ayant donné à la Chine et « au monde entier une preuve si éclatante de modéra-« tion au mois de mai dernier en renonçant à une « indemnité dont le principe n'était ni contesté ni con-« testable, nous étions aujourd'hui en droit de rappe-« ler à ceux qui se font un jeu de la foi des traités que « de tels actes se paient et veulent une réparation. »

Bien que nous n'acceptions point sans réserves cette théorie singulière mettant sur la même ligne toute violation d'un traité, qu'elle résulte d'un acte volontaire du gouvernement ennemi, ou qu'elle soit l'œuvre du zèle irréfléchi, peut-être de la mauvaise foi d'un chef local, nous ne chercherons point querelle pour si peu au Président du conseil. Il demande une indemnité, nous sommes avec lui.

Comment se défend la Chine?

Dès le 4 juillet, elle déclare « qu'après la conclusion en cinq articles de la convention préliminaire du 11 mai, les troupes chinoises en restant dans leurs anciennes positions pour attendre que la conclusion d'un arrangement définitif vînt régler le retrait mutuel des forces des deux pays, ne faisaient pas acte d'hostilité vis-à-vis de la France. »

Et M. Jules Ferry répond avec raison : « Si la Cour « de Pékin n'acceptait pas les dates convenues pour « l'évacuation, à supposer même qu'elles eussent été à « raison des distances calculées trop brièvement, il « était facile qu'elle nous en avertît. »

*

Mais M. Fournier vient d'arriver à Paris le 8 juillet : il est hors de doute qu'il met le Président du conseil au courant de tout ce qui s'est passé. Aussi, lorsque le 15 août, M. Jules Ferry parle encore de trahison et de déloyauté, il trompe la Chambre, car il lui cache tout ce qu'il sait sur les causes de l'affaire de Bac-Lé.

Entre le 8 juillet et le 15 août, il a été renseigné sur le véritable caractère des événements des 23 et 24 juin. Le 8 juillet, c'est le ministre d'un grand pays qui invoque le respect de la foi jurée; le 15 août, c'est un politicien hardi qui tente une aventure au mépris de toute justice, dans un intérêt d'inavouable égoïsme.

Nous allons donc donner le détail des faits qu'il a connus d'une façon pertinente entre la période du 8 juillet et celle du 16 août, faits dont la commission de la Chambre n'a eu connaissance que le 30 octobre.

Examinons d'abord si les raisons invoquées par la Chine pour se justifier de l'attaque de Bac-Lé présentent un certain fondement.

L'article 2 est ainsi conçu : « Le Céleste Empire, « rassuré par les garanties formelles de bon voisinage « qui lui sont données par la France, quant à l'inté- « grité et à la sécurité des frontières méridionales de « la Chine, s'engage à retirer immédiatement, sur ses « frontières, les garnisons chinoises du Tonkin.....

Rapprochons de cet article le texte de l'article 5 qui est ainsi conçu : « Dès que la présente convention aura « été signée, les deux gouvernements nommeront leurs « plénipotentiaires, qui se réuniront dans un délai de « trois mois pour élaborer un traité définitif sur les « bases fixées par les articles précédents. »

Les textes présentent, comme on le voit, une certaine

contradiction : d'un côté, la Chine est tenue de retirer ses troupes *immédiatement*, de l'autre elle a un délai de *trois mois* pour établir un traité définitif sur les bases fixées par les articles précédents, parmi lesquels se trouve compris l'article 2.

En droit pur, aucun Tribunal n'hésiterait à donner raison à la Chine : l'article 5 constitue l'article général dans lequel rentrent toutes les questions qui sont posées par les autres articles. Nous ne parlons que pour mémoire de cette règle de notre droit civil qui dit que dans le doute la convention s'interprète contre celui qui a stipulé et en faveur de celui qui a contracté l'obligation. Ici, il n'y a point doute : l'article 5 est formel et la généralité de ses termes comprend les dispositions de l'article 2.

Mais, bien qu'il semble que deux nations traitant entre elles soient, à l'égard des autres nations ou de tout citoyen impartial des deux pays, comme deux nationaux qui font interpréter leur contrat par un tribunal, bien qu'on ait paru rejeter dédaigneusement ces arguments tirés de notre droit (comme si ce droit n'était pas l'expression la plus haute de ce que le législateur a cru être le vrai et le juste), nous ne voulons pas trancher la difficulté par les textes et nous allons chercher — c'est encore une des indications de notre code civil — quelle a pu être la commune intention des parties.

Interrogeons d'abord les négociateurs.

M. Fournier s'écrie qu'*immédiatement* c'est aujourd'hui même et non dans trois mois. Il est obligé de reconnaître pourtant qu'*immédiatement* ce n'est pas *aujourd'hui même*, et la preuve, c'est que dans la note complémentaire remise à Li le 17 mai, il stipule un délai de *vingt jours* pour l'évacuation de Lang-Son et de certaines places, et un délai de *quarante jours* pour l'évacuation des autres.

Cinq jours s'étant déjà écoulés entre le traité et la remise de la note, il s'ensuit que le mot *immédiatement* du commandant Fournier se traduit par vingt-cinq jours ou par quarante-cinq jours, suivant la situation des places fortes tonkinoises.

Mais pourquoi vingt-cinq jours et quarante-cinq jours plutôt que quarante jours et deux mois ?

De quel droit M. Fournier précise-t-il cette date fatale ? Puisque l'évacuation ne peut pas matériellement avoir lieu le jour même, que l'étendue de l'Empire Chinois et la difficulté des communications commandent la fixation de certains délais, pourquoi le gouvernement chinois ne serait-il pas admis à trouver les délais insuffisants ?

Lorsque nous lisons les glorieux faits d'armes des nôtres, nous ne nous étonnons pas que quelques centaines de soldats français mettent en fuite des milliers de soldats chinois. En dehors du courage personnel certainement supérieur de nos troupes, on reconnaîtra qu'une partie de notre succès doit être attribuée à notre armement perfectionné, à nos habitudes d'ordre et de discipline, à la direction ferme et obéie du commandement, au ravitaillement régulier et au bon entretien de nos soldats.

Puis, s'il s'agit d'ordres à faire parvenir par le gouvernement chinois à des troupes moins bien disciplinées et moins bien commandées, lorsqu'à des distances considérables il faut mettre en mouvement et diriger sur des points différents douze à quinze mille hommes, on ne veut plus admettre l'infériorité relative d'un gouvernement qui doit ignorer le fonctionnement de ce qu'on appelle chez nous le service d'état-major.

Dès la réception télégraphique de la convention de Tien-Tsin, M. Jules Ferry adresse à M. Fournier un télégramme dont la fin est ainsi conçue : « Quant à l'évacuation du Tonkin par la Chine, informez-vous où sont les garnisons impériales et notifiez-moi les ordres donnés pour leur rappel. Vous devrez en aviser également le commandant de nos troupes en Annam. »

Le Ministre de la Marine télégraphie de son côté au contre-amiral Lespès : « Avisez le général Millot et l'amiral Courbet des mesures que prendra la Chine pour rappeler ses troupes. »

Ainsi, dans la pensée du Ministre des Affaires Etrangères et du Ministre de la Marine, c'est la Chine qui doit faire connaître les ordres qu'elle a donnés ; nous gardons, bien entendu, le droit de protester, et, au besoin, de prendre des mesures contre elle si elle s'avise de traîner en longueur l'exécution de la convention.

Le traité étant muet sur les dates d'évacuation, et le mot *immédiatement* ne pouvant avoir aucune signification pratique et voulant dire tout simplement *le plus tôt possible*, force a été à M. Fournier de revoir Li Hung Tchang et de discuter avec lui les dates de l'évacuation. Il télégraphie à M. Jules Ferry le résultat de son entretien : « Li a accepté les dates fixées dans la note additionnelle, et il a de plus été prévenu que, les délais expirés, il serait procédé par la force à l'expulsion des garnisons qui seraient encore au Tonkin. »

La note remise à Li par M. Fournier contient les

mêmes détails et se termine en effet par la phrase menaçante qui suit : « *Ces délais expirés, nous procéderions sommairement à l'expulsion des garnisons chinoises attardées sur le territoire du Tonkin.* »

En étudiant la note remise par M. Fournier, quelques observations se présentent naturellement : d'abord il a fallu une note additionnelle pour compléter ou pour expliquer le traité : le consentement non seulement du négociateur, mais aussi du gouvernement chinois, paraissait donc nécessaire, puisqu'il y avait lieu à interprétation.

Et comment le gouvernement chinois aurait-il accepté une note menaçante, quelque peu injurieuse pour sa dignité, tout particulièrement offensante au lendemain du rappel du marquis Tseng et de la concession si considérable faite à la France.

« N'y avait-il pas à craindre, comme l'écrivait le Ministre de Chine à Paris, la possibilité d'un conflit, pour peu que des retards facilement admissibles eussent empêché les soldats chinois de se retirer à temps. » Mais, dit M. Fournier, Li avait consenti : il lui appartenait dans tous les cas de provoquer la réponse du Tsong-Li-Yamen.

Voyons comment s'est passé l'entretien.

M. Fournier est auprès de Li. Il lui signale en commençant une objection soulevée par le Ministre de Chine à Paris sur l'interprétation à donner à l'article 4. D'après cet article, c'est la France qui doit représenter l'Annam auprès des puissances étrangères.

La Chine doit-elle être regardée comme une puissance étrangère et ne pourra-t-elle avoir des relations avec son ancien vassal que par notre intermédiaire ?

Voilà certes une objection grave et touchant au fond même du traité. Li n'hésite pas : il condamne l'interprétation donnée par le Ministre de Chine : la Chine n'a pas à revenir sur l'abandon de sa suzeraineté.

Alors se présente la question des délais.

Li veut des délais plus longs : il dit à M. Fournier que l'interprétation du mot *immédiatement* donnée par le Gouvernement français lui a valu un télégramme foudroyant de Pékin. M. Fournier insiste et montre que les délais indiqués par lui sont suffisants pour le rappel des troupes. — « Oui, répond Li ; mais si j'en« voie votre note, que va-t-on dire à Pékin ? Je vais « être foudroyé. J'ai déjà eu tant de peine pour obtenir « la signature de votre traité. Que vais-je devenir ? » Sa figure rembrunie, dit M. Fournier, ne laissait aucun doute sur la sincérité de son ennui.

Notre négociateur insiste, précise de nouveau les dates : l'interprète Ma déclare enfin que Li accepte les délais, et le vice-roi acquiesce d'un geste de tête.

M. Fournier fait alors entrevoir la gravité des conséquences : il dit à Li que le général Millot, une fois les délais expirés, passera sur le corps des garnisons chinoises.

Ecoutons ce que répond le vice-roi.

« Le vice-roi me dit alors *que je devais lui laisser le* « *temps de préparer à Pékin le terrain, actuellement* « *très défavorable, et de m'en rapporter à lui pour* « *envoyer la note en temps utile et à propos*, mais qu'il « m'affirmait qu'aucun des accidents dont la perspec« tive m'inquiétait n'arriverait, car il répondait du « nouveau Gouverneur de la frontière. »

Li répondait du Gouverneur ? Pouvait-il répondre

d'un accident, d'un retard, d'un malentendu ? Et M. Hippolyte Maze n'a-t-il pas raison de dire à M. Fournier : « Vous aviez donc prévu le conflit ? »

Mais l'engagement de Li n'était-il pas conditionnel ? Il demandait *qu'on lui laissât le temps pour préparer le terrain à Pékin, qu'on s'en rapportât à lui.....* Etait-ce lui donner le temps que d'imposer des dates fixes ? Etait-ce tenir compte de ses craintes ? Qu'aurait pu faire de plus M. le commandant Fournier si Li n'avait exprimé aucunes réserves ? Ne s'est-il point trouvé que Li était en mer au moment de la rencontre de Bac-Lé ?

D'ailleurs, l'acceptation de Li ne liait pas le gouvernement chinois. Le procès-verbal arrêté par la Commission avant la révision faite par le commandant Fournier porte ces mots comme réponse : « Li ne pouvait engager que sa personne. » Après correction, la réponse de M. Fournier est ainsi restituée : « Li engageait son gouvernement, puisqu'il était plénipotentiaire, *mais pas sans retour*. »

Prenons cette dernière version : il fallait, d'après M. Fournier lui-même, que le Tsong-Li-Yamen sanctionnât la décision prise par Li.

M. Fournier a-t-il fait connaître exactement cette situation, soit à l'amiral Lespès, soit à son Gouvernement ?

Nous regrettons d'avoir à répondre non. Croyant que l'influence du vice-roi suffirait à l'exécution du traité telle qu'il l'espérait, il laisse ignorer à M. Lespès les difficultés possibles, si bien que cet officier général, qui avait été chargé tout spécialement par le Ministre de la Marine de s'assurer des mesures que prendrait la Chine pour le rappel des troupes, accepte comme certaines les dates indiquées par M. Fournier, et que, dans sa visite à Li, quelques jours après, il n'aborde même pas cet ordre d'idées.

Cette situation était également ignorée du Gouvernement français. M. Jules Ferry déclare : « que les « termes de la dépêche du commandant Fournier « n'indiquaient en aucune façon que le vice-roi eût « réservé l'assentiment du Tsong-Li-Yamen et que le « Gouvernement n'a rien reçu postérieurement à l'envoi « de la note ».

Le Président du Conseil déclare encore, dans la séance de la Commission, à laquelle assiste le commandant Fournier, « que les dernières réserves faites par « Li sur le moment où il remettra la note ne sont pas « dans la dépêche ».

Plus loin, il exprime très nettement encore sa pensée en disant : « ce qu'il importe de bien préciser, c'est que « je n'ai eu en mains qu'une dépêche où l'on ne distin- « guait pas entre Li-Hung-Tchang et le Tsong-Li- « Yamen ».

Enfin, M. Clémenceau ajoute qu'au moment où M. Fournier parlait des inquiétudes qu'il éprouvait à son départ de Tien-Tsin, M. Jules Ferry l'a interrompu en disant : « vous ne m'avez pas dit cela ».

Que signifient donc ces déclarations si expresses de M. Jules Ferry, sinon qu'il n'a pas été complètement renseigné au début sur les faits qui ont amené l'incident de Bac-Lé ?

En vérité les preuves s'accumulent. Et si l'on peut reprocher à M. Fournier d'avoir cru trop facilement ce qu'il désirait, à Li d'avoir promis trop légèrement plus qu'il ne pouvait tenir, à M. Jules Ferry de n'avoir pas attendu de plus amples renseignements, il résulte en tout cas de cet ensemble de faits, que le gouvernement chinois n'est point lié par la note additionnelle.

Li l'avait-il fait connaître à son gouvernement? Avait-il trouvé pour la remettre *le temps utile et à propos* qu'il demandait à M. Fournier?

Ce que nous savons bien, c'est qu'il nous est impossible d'établir l'acceptation ou même la connaissance de la note par le gouvernement chinois.

Autre question :

Quelle pouvait être l'utilité de cette hâte dans l'évacuation? M. Fournier a dit qu'il fallait empêcher le parti de la guerre à Pékin de préparer la résistance au traité. Mais Li n'était-il pas mieux placé que lui pour le savoir et ne devait-il pas inspirer avec raison à cette époque une grande confiance au commandant Fournier, tant par son caractère que par les services déjà rendus (1).

La suite des événements l'a bien montré, puisque même pendant la guerre, le parti de la guerre n'a pas été assez fort pour détruire le traité.

Où était donc pour nous l'intérêt de ce retrait immédiat des troupes chinoises à un moment de l'année où la campagne ne pouvait qu'être très pénible : la saison chaude est plus lourde au Tonkin qu'en Cochinchine, et la saison reconstituante va d'octobre à avril.

(1) M. Jules Ferry appelait Li, dans la séance du 21 mai, « l'homme d'État éminent qui exerce actuellement sur les destinées « de la Chine une influence prépondérante, et qui a porté dans » cette négociation une netteté de vues et de résolutions si remar- « quable, la volonté bien arrêtée d'exécuter promptement et loya- « lement ce qui avait été si vite et si bien conclu. »

On était en mai, on venait justement d'entrer dans la mauvaise saison : nous ne pouvions même pas accuser la Chine de chercher à se procurer des délais afin de laisser passer l'époque favorable pour une expédition française. N'était-il pas plus habile, puisque la saison était contre nous, d'accorder généreusement à la Chine un temps que nous ne pouvions pas mettre à profit.

En effet, qu'est-il arrivé? C'est que pour réaliser des menaces peu réfléchies, on s'est peu soucié de la santé des troupes, de l'avis des généraux et des difficultés de la campagne. C'est pendant la saison pluvieuse, dit le général Millot, que le colonel Dugenne a dû partir sur les ordres impératifs du Ministre de la marine : il a fallu douze jours pour faire 60 kilomètres.

Mais à Bac-Lé même, n'avons-nous pas à enregistrer des faits dignes d'attention. Ici encore consultons les documents.

Le matin du 23 juin, un parlementaire chinois se présente et remet au colonel Dugenne la lettre suivante :

« Au noble commandant des troupes françaises.

« Votre compatriote, M. Fournier, a dit à Tien-Tsin, au moment où il s'en retournait en France, « que, après vingt « (jours), les soldats (français) seraient envoyés pour parcourir « le pays et que l'armée de Kouër devrait s'en retourner cam- « per dans certains endroits. » Nous le savons comme vous.

« Vous voulez aujourd'hui que nous nous retirions sur la frontière; mais il faut absolument pour cela un avis du Tsong-Li-Yamen. Ce n'est pas que nous voulions violer le traité. Le traité de Tien-Tsin porte bien que nos troupes seront reportées sur la frontière. Nous ne voulons pour cela qu'une lettre qui nous fixe sur les mouvements que nous avons à faire. On ne

doit pas rompre la paix par des combats inutiles. Nous vous prions donc de vouloir bien, vous-même, adresser un télégramme à Pékin pour demander une lettre du Tsong-Li-Yamen. Il ne faudra que peu de temps pour la demande et la réponse. Dès que nos troupes auront reçu l'avis du Tsong-Li-Yamen, elles se formeront en bataillons et évacueront le territoire annamite pour retourner aussitôt à la Passe du Midi. Nos deux pays ayant en effet conclu la paix, on ne doit pas faire naître de nouvelles luttes.

« Tel est ce que nous avions à vous dire.

« *Les Chefs de camps chinois,*

« LI WANG ET WÈI. »

(Sans date.)

N.-B. — L'enveloppe extérieure porte les indications suivantes : Expédié de Kouang-Yin-K'iao, le 29e jour de la 5e lune de la 16e année Kouang-Sin (22 juin 1884), à l'heure Yeou (de cinq à sept heures du soir), pour être remis le même jour.

Le sceau qui y est frappé en trois endroits porte : « Sceau du commandant en chef du grand camp de l'armée de Tchèn-Nan (la passe entre le Kouang-Si et le Tonkin), commandant aussi le camp de gauche de l'armée du centre. »

Cette lettre, comme on le voit par sa date, avait été envoyée le soir par le commandant chinois et elle devait être remise le jour même du premier combat, c'est-à-dire le 22. Elle n'arrive pourtant à M. Dugenne que le matin du 23.

La fatalité s'en mêle aussi : le lettré et les trois interprètes mis par l'état-major à la disposition du Colonel commandant la colonne ne peuvent donner qu'une traduction informe du document.

A dix heures, un nouvel émissaire arrive, il se dit envoyé par le vice-roi de Quang-Si pour faire connaître aux chefs militaires que la paix est signée et pour éviter toute collision. A deux heures, troisième visite;

l'envoyé du vice-roi et le Commandant des troupes chinoises se présentent aux avant-postes. Le Chef du détachement français les fait inviter à venir au camp; l'envoyé acceptait, mais le Chef militaire hésite, promet de revenir plus tard et enfin ne revient pas.

Le Chef militaire Chinois a eu tort de promettre et de ne point revenir, soit : mais est-ce là l'attitude d'une troupe hostile qui prépare un guet-apens: la lettre si claire que le Commandant chinois devait supposer avoir été fidèlement traduite, les deux visites successives excluent absolument cette hypothèse.

Remarquons, en outre, que d'après un télégramme de M. Jules Ferry les Chinois devaient être au nombre de huit à dix mille hommes: la colonne française se composait de 800 hommes, sur lesquels environ deux ou trois cents tirailleurs tonkinois. Est-ce que les Chinois, malgré leur supériorité si grande comme nombre, malgré le succès qu'ils viennent de remporter, continuent à poursuivre le détachement français? Non. Dès que nos troupes ont franchi le Song-Thuong elles ne sont plus inquiétées. Qui osera parler encore d'embuscade?

Quel est l'avis du général Millot sur l'événement?

« Il y a eu conflit, dit le Général, parce que les « Chinois ne voulaient pas rentrer sans avoir reçu « l'ordre de leur gouvernement et parce que le colonel « Dugenne, au lieu de m'en référer, *ainsi qu'il le devait*, « a voulu quand même marcher en avant. »

Plus loin. « Le tort du Colonel, c'est, le 22, lorsqu'il « a eu les premiers avis de l'approche des Chinois, « contre lesquels il devait se heurter le lendemain, de « n'en avoir pas référé au Général en chef. »

Il dit aussi : « Le colonel Dugenne n'était pas chargé « d'une opération de guerre, mais d'aller, dans les « conditions de la paix, tenir garnison à Lang-Son. »

Et le Président du Conseil que pense-t-il de la lettre du commandant chinois ? Elle lui paraît tellement importante qu'il déclare « que si le colonel Dugenne « en avait connu le texte, il aurait télégraphié au géné- « ral Millot, au lieu de pousser en avant. »

Cette lettre est en effet remarquable par le ton de sincérité qui y règne : des soldats écrivent à des soldats : « Nous savons que nos gouvernements sont en « paix, mais nous avons besoin d'un avis du gouverne- « ment qui nous fixe sur les mouvements que nous « avons à faire. »

Est-ce tout ? Pas encore.

Le gouvernement chinois paraît tellement convaincu de son droit, il est si sûr de ne pas avoir violé le traité, qu'il propose au gouvernement de la République française la médiation de la grande République américaine. « Pour ne pas repousser le désir de la France, « écrivent les plénipotentiaires chinois à M. Patenôtre, « la Chine a invité avec insistance les États-Unis à « servir de médiateur entre nous. C'était vouloir un « accord à tout prix, malgré les torts qui nous étaient « faits. Mais on ne pouvait pas supposer que V. E. « maintiendrait obstinément son refus et empêcherait « ainsi une pensée louable de la Chine d'être suivie « d'effet. Nous le regrettons vivement. »

Et en effet, M. Jules Ferry repousse la médiation : il dit à M. Andrieux qui l'interpelle : « Il y a eu de la « part des États-Unis témoignage d'estime, bonne « volonté. Il y a eu même sous forme officieuse et con-

« fidentielle des offres d'*arbitrage*. Nous avons dû les « repousser parce qu'un arbitrage n'est pas la même « chose qu'une médiation, et parce qu'après Bac-Lé « nous ne saurions admettre la discussion sur le fond « de notre droit. »

En attendant, la Chine parle de *médiation* et non *d'arbitrage*. Qui devons-nous croire ? Nous ne trouvons nulle part ni la lettre où la Chine demande à la France d'accepter la médiation, ni la lettre de refus du ministre français en Chine.

Cependant la France, ou plutôt M. Jules Ferry, persiste dans son interprétation. La Chine, pour calmer les colères de celui qui fait mouvoir les armées françaises, offre trois millions et demi pour les familles de nos morts et de nos blessés. Si elle consent à cette indemnité, c'est donc qu'elle ne veut pas la guerre, c'est qu'elle accepte complètement le traité de Tien-Tsin, c'est qu'elle déplore l'affaire de Bac-Lé. Comment tirer une autre conséquence ?

Pour finir l'historique de ce douloureux incident, ajoutons que pendant qu'on se bat à Bac-Lé, la flotte chinoise arrive à Tchefou, où mouille la flotte française. Li est à bord de l'un des bâtiments; il vient rendre à l'amiral Lespès la visite qu'il a reçue à Tien-Tsin, et il exprime à cet officier général, c'est M. Lespès qui le dit, « en termes émus, toute sa reconnaissance pour les « égards qu'on lui témoigne. » Nous attendons que M. Jules Ferry se lève pour nous dire que cet homme venait jouer à Tchefou, au risque de sa vie, une comédie indigne, après avoir organisé la trahison et le guet-apens.

Voilà les faits : les conclusions en sortent toutes seules. Notre exposé établit :

1° Que les textes des artictes 2 et 5 du traité du 11 mai permettent des interprétations différentes ;

2° Que Li avait demandé du temps pour préparer le terrain avant de communiquer la note additionnelle ;

3° Que le Tsong-Li-Yamen n'a peut-être jamais connu la note, que dans tous les cas il ne l'a point acceptée.

4° Que nous n'avions aucun intérêt au retrait immédiat des troupes, puisque nous venions d'entrer dans la mauvaise saison ;

5° Que la Chine n'avait aucun intérêt à violer le traité sur un point secondaire, puisqu'elle en a toujours respecté la disposition fondamentale ;

6° Que le commandant en chef des troupes chinoises, avant d'attaquer les troupes françaises, a déclaré par lettre au colonel Dugenne qu'il connaissait le traité de Tien-Tsin, mais qu'il lui fallait l'ordre du Tsong-Li-Yamen pour savoir sur quels points il devait diriger ses troupes ;

7° Que le colonel s'il avait connu la lettre (d'après ce que dit M. Jules Ferry), aurait télégraphié au général Millot, au lieu de pousser en avant ; que, dans tous les cas, le colonel n'était pas chargé d'une opération de guerre et qu'il avait le devoir d'en référer au général, aux premiers avis de l'approche des Chinois ;

8° Que la retraite de la troupe française n'a pas été inquiétée ;

9° Que Li arrivait à Tchefou au moment de l'affaire de Bac-Lé, pour rendre une visite toute gracieuse à l'amiral Lespès ;

10° Que le gouvernement chinois a toujours protesté de sa bonne foi et donné à l'affaire de Bac-Lé le caractère d'un malentendu.

11° Que le gouvernement chinois a fait l'offre de 3 millions et demi pour nos blessés et que nous l'avons refusée.

12° Que le gouvernement chinois a fait appel à la médiation des États-Unis et que nous avons refusé cette intervention.

Vaines constatations : M. Jules Ferry a décidé que la Chine paierait une indemnité considérable pour cette violation du traité à laquelle il ne lui est plus permis de croire. La Chine lui parlera de ses trois cents soldats tués à Bac-Lé, et qui doivent compter, eux aussi, dans la balance de justice ; elle insistera sur les difficultés du terrain et sur le temps que devait demander la réexpédition des armes et des munitions en Chine ; ses plénipotentiaires repousseront avec énergie l'accusation de mauvaise foi. Rien ne pourra modifier les résolutions immuables du Président du Conseil. Complètement renseigné à la date du 15 août sur l'histoire du traité, sur les difficultés de toute nature rencontrées à Pékin, et surmontées par Li, ainsi que sur tous les incidents racontés plus haut, il persiste à donner à l'affaire de Bac-Lé le caractère d'un guet-apens ; il répète devant le Sénat, le 11 décembre 1884, « qu'une signature est sacrée et que quand on la viole cela se paie ; » il exige une indemnité de 250 millions, non pas comme un dédommagement des pertes causées par les événements des 23 et 24 juin, mais comme une peine infligée à la déloyauté d'une nation.

Mais cette fois la Chine résiste et la France, obligée à

de nouveaux efforts, sacrifie ses hommes et ses millions pour la défense de la criminelle folie du Président du Conseil.

Et maintenant qui osera penser que M. Jules Ferry, en agissant ainsi, a pu obéir à des idées d'ambition nationale et qu'il n'a cherché que la grandeur de la France ? Ce n'est plus une colonie à conquérir, une terre nouvelle sur laquelle flottera notre drapeau ; le mobile est plus vulgaire. Le Président du conseil sait qu'il trompe la Chambre depuis longtemps ; il sait qu'il lui a caché la gravité des événements et qu'elle ignore le prix dont il faudra payer l'expédition. Et alors désireux de pouvoir et de vaine renommée, il tient à verser dans ce budget vidé par une politique mal comprise d'expansion coloniale une somme de deux cent cinquante millions destinés à calmer les murmures de la Chambre des contribuables et à persuader au pays, qui oublie vite ses morts, que le Tonkin n'a rien coûté.

Et quand, dans une lettre récente, M. Jules Ferry nous dit que, si on le condamne, il faut rendre le Tonkin, il confond volontairement deux idées distinctes.

Nous ne voulons pas juger ici sa politique extérieure. Nous nous sommes posé une question d'une moralité plus haute, dont la solution importe à la bonne et vieille renommée de loyauté du pays de France.

Avions-nous le droit de continuer la guerre après Bac-Lé ? Y avait-il eu violation du traité ? La France soutenait-elle une cause juste ? Le lecteur a répondu.

Quant au Tonkin, nul ne contestait nos droits : « Même aujourd'hui, dit le commandant Fournier en octobre 1884, c'est-à-dire en pleines hostilités, la Chine est prête à exécuter le traité : elle ne nous conteste depuis le décret de ratification que le droit de lui imposer une indemnité. »

Si nous restons au Tonkin, ce ne sera point encore, quoi qu'en puisse penser M. Jules Ferry, la preuve de l'approbation donnée à sa politique. Il est toujours grave d'abandonner une terre conquise au prix du sang de nos soldats et de s'infliger ainsi devant les nations un cruel désaveu. Il est difficile également de laisser sans défense, livrées à de terribles vengeances, des populations qui sont venues à nous et nous ont aidés à la conquête. Et en outre, quel retentissement fâcheux pour notre influence n'aurait pas un pareil acte dans ces pays de l'Extrême-Orient qui professent le respect exclusif de la force ? Parmi ceux qui accepteront les crédits nécessaires au maintien de notre autorité au Tonkin, plus d'un sans doute regrettera son vote et se résignera douloureusement au fait accompli.

En résumé, l'exposé des faits qui ont précédé et suivi la convention de Tien-Tsin démontre jusqu'à l'évidence que M. Jules Ferry a continué la guerre sans raison.

C'est grâce à un hasard heureux que M. le commandant Fournier est appelé à renouer avec Li-Hung-Tchang d'anciennes relations : le ministre chinois comprend l'intérêt que peut trouver la Chine à devenir l'amie d'une nation dont la grandeur ne peut jamais être un danger pour sa sécurité. La convention est signée et M. le commandant Fournier se félicite avec un juste orgueil des avantages considérables qu'elle procure à la France. La Chine abandonne à jamais sa suzeraineté sur l'Annam.

Après Bac-Lé, elle invoque constamment sa bonne

foi et elle consent encore, dans un intérêt supérieur de paix, à accorder une indemnité de trois millions et demi. Les faibles n'ont pas droit à la justice intégrale.

Mais lorsque le Président du Conseil, dans une résolution dont nous avons donné le véritable mobile, veut exiger d'elle une indemnité qu'elle trouve injuste et qu'elle est impuissante à payer, elle accepte la guerre. Ses soldats entrent en ligne et finissent par obtenir sur nos troupes à Lang-Son un avantage qu'ils ne pouvaient point espérer.

Le caprice coupable de M. Jules Ferry aura coûté à la France la vie de milliers d'hommes et une dépense de plus de cent millions (1).

Travailleurs français, pères de famille, élevez laborieusement vos enfants jusqu'à l'âge d'homme, épargnez péniblement sur votre salaire pour payer des charges toujours grossissantes, M. Jules Ferry jettera vos fils à la mort et vos millions à la ruine, et il se trouvera une majorité pour l'absoudre.

On dit que la majorité ne pouvait point le condamner parce qu'elle était devenue par ses votes une majorité complice : elle le pouvait et elle le devait.

Les majorités ne sauraient être accusées de com-

(1) Crédits supplémentaires ouverts sur l'exercice 1884. . .	16,147.368	fin décembre 1884.
Crédit extraordinaire ouvert sur l'exercice 1885.	43,422,000	
Crédit supplémentaire ouvert sur l'exercice 1885.	50,000,000	avril 1885.
Crédit supplémentaire ouvert sur l'exercice 1885.	150,000,000	

Les journaux annoncent que le Ministre de la marine va demander un crédit de 130 millions pour mettre notre flotte en état.

On voit que nous n'exagérons pas.

plicité. Les éléments qui les composent sont d'ordre divers et si on les analyse, on s'aperçoit que le Gouvernement doit être regardé comme seul responsable. Parmi les membres du Parlement qui votent pour une demande de crédits, les uns ont surtout le souci de la stabilité ministérielle. Ne pas troubler les affaires par des changements trop fréquents, mettre une certaine continuité dans le gouvernement, de manière à permettre l'étude des grandes réformes dans un esprit d'ensemble, empêcher les compétitions, c'est le rôle qu'ils se donnent et c'est pour eux le côté important du mandat. D'autres moins timorés entrevoient le danger des longues expéditions, mais le sang de nos soldats a coulé, les dépenses sont engagées, ils votent des hommes et des crédits pour obéir à ces sentiments de patriotisme si puissants dans les âmes françaises. Et puis, il est si difficile pour un Parlement de savoir toute la vérité. Comment étudier le développement d'une affaire que le Gouvernement a suivie seul dans les dépêches quotidiennes : le Livre jaune soigneusement expurgé à l'usage des mandataires du peuple, ne laisse rien de compromettant et se contente de publier les documents qui témoignent de la sagesse et de la prévoyance de nos hommes d'État.

D'ailleurs, M. Jules Ferry avait-il été sincère ? N'est-il pas démontré que jamais la Chambre n'a connu la véritable situation ? Que pèse donc un vote donné dans de pareilles conditions ? La majorité a-t-elle à s'en défendre et le Ministre à s'en faire une arme contre elle ? Les responsabilités sont différentes : les députés comparaitront devant le pays, et chacun interpellé individuellement donnera les raisons de son vote. Le

Ministre demeure en outre responsable devant la Chambre. La Chambre écoute, constate, et reformant une majorité avec les hommes épris de vérité et de justice, elle met en accusation un Ministre dont un vote de blâme ne suffit pas à punir le crime.

Elle ne l'a pas voulu : l'opinion publique n'a pas ratifié le verdict. Malgré l'acquittement, M. Jules Ferry demeure un condamné du pays. Peut-être encore pour la législature prochaine un département inondé et enrichi par la manne officielle ne donnera-t-il comme suffrage que le produit d'une longue et savante corruption : mais la vérité apparaît et M. Jules Ferry demeure couvert de tout le sang qu'il a fait répandre inutilement. C'est là « la tache ineffaçable que l'Océan tout entier ne peut suffire à laver » et qui désigne aux malédictions des peuples les réprouvés de l'histoire.

F.

— Le traité est signé : nous n'en connaissons pas le texte, mais le protocole en est formel. « Article I. — La « Chine consent à ratifier la convention de Tien-Tsin « et la France déclare qu'elle ne poursuit pas d'autre « but que l'exécution pleine et entière de ce traité. »

Quelle humiliation et quelle leçon pour cet homme qui se donne à lui-même le nom d'homme d'État et qui paraît porter si légèrement toutes ses responsabilités. La France renonce à l'indemnité dont il avait fait la cause exclusive de la continuation de la guerre !

On prétend maintenant que cette paix est l'œuvre de M. Jules Ferry. Mais qui ne voit qu'il était impossible au Président du conseil de conclure le traité nouveau sur les bases de la convention de Tien-Tsin. Comment aurait-il pu le justifier?

La France traite après un échec, et à tous les sacrifices d'hommes et d'argent qu'elle s'est imposés, il lui faut ajouter encore la perte de cette indemnité de trois millions et demi que la Chine n'offre plus. La paix, dans ces conditions, ne peut être signée que par des hommes dont la bonne foi a été surprise et qui veulent terminer au plus tôt une guerre qui a déjà trop duré.

Pour nous, nous croyons fermement que, si M. Jules Ferry était resté au pouvoir, la paix ne serait pas encore conclue. Il se serait efforcé d'obtenir de la Chine quelque concession misérable, une petite île rocheuse, inabordable par tous les temps, et dont on aurait exagéré l'importance. La guerre était alors justifiée! Le traité de Tien-Tsin nous donnait le Tonkin : la fermeté du ministre ajoutait une terre à notre empire colonial!

Il aurait trompé le pays une fois de plus.

Une nouvelle funèbre, la mort de l'amiral Courbet, sert d'épilogue à l'expédition. Pleurons le vaillant soldat et donnons un dernier adieu à ces hommes tombés au loin, à ces morts obscurs qui ne sont pleurés que par les leurs.

Quand donc la France entendra-t-elle le cri de tout ce sang!

20 juin 1885.

PARIS. — IMP. V. GOUPY ET JOURDAN, RUE DE RENNES, 71.

www.ingramcontent.com/pod-product-compliance
Ingram Content Group UK Ltd.
Pitfield, Milton Keynes, MK11 3LW, UK
UKHW012306240726
13966UKWH00004B/1667

9 782012 785021